Alain Kauss

Un soir de Noël…

Am Weihnachtsabend...

'S Chrischkindel, de Rübelz un 's Esele

FRANÇAIS - DIALECTE ALEMANIQUE - ALLEMAND
HOCHDEUTSCH - ALEMANNISCH - FRANZÖSISCH

SALDE

Conteur, illustrateur, peintre sur verre, Alain Kauss est l'auteur de nombreux ouvrages sur la nature, les animaux et les légendes en Alsace. Et tout naturellement, il aime partager et transmettre la langue de son enfance, le dialecte alémanique et ses langues de communication dans ses ouvrages :

- *Dass hundert Bliemle blieje - Fleurs*, bf, 1981
- *Baim un Hecke - Arbres et Haies*, bf, 1983
- *Vejel im Elsass - Oiseaux*, bf, 1986
- *Le monde des esprits - eine elsässische Mythologie*, bf, 1993
- *Bestiaire alsacien - Dragons, crapauds, Libellule, lièvre*, bf, 2013

Éditions SALDE
5 Bd de la Victoire
67000 STRASBOURG
www.salde.fr

Dépôt légal 4e tr. 2017

ISBN 978-2-903850-59-3

À Lise, et Charline, Victor et Martin,
À tous les enfants, petits et grands,
pour lesquels Noël se nimbe dans un halo de Mystère et de Féérie.

All den Kindern, ob groß oder klein, für die Weihnachten immer noch von einem geheimnisvollen und märchenhaften Schleier umhüllt ist.

Drüssen uf de Stross het's ab un zue g'schellt,
un wenn m'r an's Fenschter geloffe sin,
han m'r in der halbdunkle Stross
e wissi G'stalt verbeihüsche sehn
mit ere schwarz vermummte dernewe :
« 'S Chrischkindel! Der Hans Trapp! »
het's gheisse, un mir han uns d'Nas'
am Fenschter platt gedrüeckt,
um besser ze sehn.

G'schichtlen un Erinnerungen üs de sechziger Johr, Marie Hart.

De temps en temps, une clochette résonnait dans la rue et quand nous courions à la fenêtre, nous apercevions une silhouette blanche suivie d'une forme sombre qui s'éloignaient dans la demi-pénombre qui baignait la rue. Chrìschkìndel ! Hànstràpp ! disait-on, et nous collions notre nez à la fenêtre pour mieux les voir.

Il fait froid ce soir-là. Très froid. Prés, champs et forêts sont blancs de neige. Tout est silencieux. Mais là-bas, très loin dans la montagne, une petite lumière brille. Qu'est-ce que c'est ? Venez, allons voir ça de plus près.

Un homme avec une grosse barbe avance dans la neige. Il porte sur son dos un grand sac et tient une lanterne à la main. Et là ? Qu'elle est belle, la dame toute habillée de blanc qui l'accompagne ! Un petit âne les suit. Il paraît lourdement chargé !

Qui sont ces personnages ? Et que font-ils dehors par une nuit aussi glaciale ?

Es ist kalt an diesem Abend. Wiesen, Felder und Wälder, alles ist still und mit Schnee bedeckt. Nur dort oben am Berg schimmert ein Lichtlein. Was kann das wohl sein? Komm, schauen wir uns das mal an.

Ein bärtiger Mann geht als erster, er trägt eine Last auf dem Rücken und eine Laterne in der Hand. Eine weißgekleidete Frau folgt ihm, und ein Esel trappelt hinterher. Er scheint schwer beladen.

Wer sind diese seltsamen Leute? Und was machen sie draußen am späten Abend, in dieser Kälte?

'Sìsch kàlt hit Owe. De Wàld, d'Falder un d'Màtte, àlles lejt stìll ìm Schnee. Àwer dert gànz witt blìnzelt e Liechtel. Wàs ìsch dann dies ? Komm mìr gehn e mol geh lüeje...

E Mànn mit'm e grosse Bàrt geht vorne har, er tràjt e Sàck ùf'm Bùckel ùn e Làtarn àn de Hànd. No kommt e scheeni Fraui, gànz wiss gekleidt, un e Esele tàppt ere hìnte nooch. Es schient schwar belàde.

Mais j'y pense ! Ce soir c'est Noël ! La belle dame, c'est certainement Chrischkindel ! Et le bonhomme, c'est Rübelz ! Les deux paniers que porte l'âne doivent être remplis de cadeaux !

Chaque année à Noël Chrischkindel va distribuer des cadeaux aux enfants du village, et Rübelz, lui, avec sa grosse voix, gronde ceux qui ont fait un peu trop de bêtises !

Tous les trois sont sur le chemin qui conduit au village, mais la route est encore longue et la soirée si froide…

Herrje! Ich hab's! Heute Abend ist doch Weihnachten! Die schöne Frau ist das Christkindel und der schwarze Mann muss der Rübelz sein! Der kleine Esel trägt bestimmt die Geschenke, mit denen sie die Kinder, am Weihnachtsabend bescheren wollen!

Aber der Weg bis zum Dorf ist noch lang, und sie gehen schon so lange…

Wàs sin díes fer Litt ? Ùn wàs màche sie drüsse bi so ere kàlte Wínternàcht? E joooo !! Ich hàb's! Hit Owe ìsch Wihnàchte!

Die scheen Fraui ìsch b'stìmmt 's Chrìschkìndel ùn de schwàrz Mànn nàdierlig de Rübelz ! 'S Chrìschkìndel ùn de Rübelz teile jedes Johr am Wihnàchtsowe alle Kìnder Wihnàchtsgschankle ùs. Ùn jetz sìn sie ùnterwajs fer ìn's Dorf ze gehn.

'S Esele wie mìt'ne geht, müess die viele G'schankle traje.

Twuitwuitwui ! Perché sur une branche un petit rouge-gorge piaille tristement. Il doit avoir froid. Pour se réchauffer, il devrait manger beaucoup ! Mais il ne trouve pas assez de graines, car la neige les a toutes recouvertes et les insectes se sont réfugiés sous terre ou sous les écorces des arbres. Chrischkindel s'arrête, fouille dans ses paniers et en tire des noix qu'elle émiette et qu'elle répand au sol. Aussitôt le petit oiseau vient picorer ces miettes.

Auf einem Ast piepst ein Rotkehlchen! Es ist ein trauriges Piepsen. Der kleine Vogel hat bestimmt Hunger und friert. Um ihn zu erwärmen müsste er etwas fressen.

Aber der Schnee bedeckt Körner und Samen, und die Insekten haben sich tief unter der Erde oder hinter einer Baumrinde verkrochen…

Das Christkindel wühlt ein wenig in einem der Körbe, findet Nüsse. Es zerbröckelt einige davon und streut sie auf den Weg.

Horisch emol! Do piepst e Rothàlsele trürig in d'Walt enin! Des het bstìmmt Hùnger! Àwer de Schnee ùn 's Iss bedecke àlli Kernle ùn d'Kafer sìn schon làng verschwùnde !

'S Chrìschkìndel nielt e bìssel ìm Korb herùm ùn holt e Packele Nusse erüs, verbrockelt e paar ùn kejt sie ùf de Bode.

D'autres oiseaux volent de sous les arbres et se précipitent vers cette manne. Chrischkindel prend une poignée de noix, puis elle déniche des amandes, des noisettes et d'autres fruits secs. De tous les coins de la forêt surgissent des merles, des mésanges, des pinsons, des pics et d'autres oiseaux encore…

Jetzt fliegen Vögel aus allen Richtungen herbei: Amseln, Finken, Meisen, Kernbeißer, Spechte,… Das Christkindel holt ein Päckchen voll Nüsse aus dem Korb hervor, dann findet es auch getrocknete Früchte.

Immer mehr Vögel sammeln sich an.

Ùn glich komme üs àlle Ecke Vejel har ze flieje,
Meisle, Àmsle, Baimpìcker, Fìnckle, Erlezissele, un noch viel ànderi…

'S Chrìschkìndel màcht e zweites Packele Nùsse ùf, no findt's e Sackele mit Hàselnùsse, e ànderes mít getreckeltem Obst…

Immer meh Vejele sàmmle sich àn.

Déjà un lièvre dresse ses oreilles ! Là-bas un chevreuil montre le bout de son nez ! Plus loin un écureuil roux bondit de branche en branche ! Eux aussi ont du mal à trouver de quoi se nourrir. Rübelz râle un peu, ces cadeaux étaient prévus pour les enfants du village, mais bientôt il pose son gros sac et sa lanterne pour aider Chrischkindel. Pommes, oranges, noix, Breedele, pains d'épices sont offerts aux animaux…

Schau da! Ein Hase streckt seine Ohren aus einer Furche! Hier schlüpft ein Reh aus dem Gebüsch, und dort springt ein Eichhörnchen von Ast zu Ast! Auch sie müssen an Hunger leiden.

Der Rübelz murrt zuerst ein wenig. Eigentlich waren die Geschenke für die Kinder im Dorf. Aber dann legt er seinen Sack auf den Boden, die Laterne dazu und steht dem Christkindel bei: Äpfel, Orangen, Breedle, Mandeln, Lebkuchen und Erdnüsse werden ausgeteilt.

Schon schlùpft e Hasel üs'm Gebusch erüs, dert streckt e Reh sine Kopf üs'm Wald, ùn wàs sprìngt dànn do von Àscht ze Àscht? E Eichhasel! E nattes kleines Eichhasel. Àlli die Tierle hàn aui Miehj ebs assbàres ze finde.

De Rübelz meckert zerscht e bissel. Schliesslig sìn die Gschankle fer d'Kìnder vom Dorf bstìmmt gsìn. Àwer er het e güetes Harz, no lejt er sini Sàche ùf de Bode ùn hìlft Orange, Äpfel, Nùsse, Bredle de vielige Tierle üszeteile.

Mais ça alors ! Qui sont ces petits bonhommes qui sortent de la forêt ? Ardmannele, Beeremannele, et d'autres lutins viennent voir ce qui se passe…. Eux aussi ont droit à des cadeaux : poupées, ballons, jouets en bois, paquets de toutes les couleurs sortent des paniers… La distribution dure longtemps, très longtemps… La nuit est déjà bien avancée quand ils s'en retournent tous heureux dans la forêt avec leur cadeau. Maintenant les paniers sont vides. Ah non, Chrischkindel sent quelque chose tout au fond d'un panier. Elle sort l'objet, c'est un magnifique cheval de bois !

Nein, das kann doch nicht wahr sein! Auf einmal schleichen kleine Wesen hinter den Bäumen hervor: Waldmännchen, Beerenmännle, Erdmännchen, Erdweibchen, und andere noch. Auch sie bekommen Päckchen, Puppen, Spielsachen aller Art.

Lange dauert es, bis jeder sich mit seinem Geschenk wieder froh in den Wald zurückzieht.

Aber jetzt sind beide Körbe leer. Ach nein, ganz tief im linken Korb spürt das Christkindel etwas. Es zieht ein schönes Holzpferd heraus! Nur noch ein einziges Geschenk für all die Kinder im Dorf?

Enei! Es ìsch nìt wohr! Àwer doch! Ardmannle ùn Ardwiwele, Wàldmannle ùn Beeremannle schlüpfe jetz üs'm Wàld erüs, die bekomme aui Gschankle: Bùbbe, Spielsàche, Packle von àlle Fàrwe!

Es dürt lang bìs e jeder sich froh mìt sinem Packele wieder ìn de Wàld zerùckzieht.

Ùn àm And bliebt nùmme noch ein Gschankel ewerig : e Holzressele. Ein einziges G'schank fer àlli Kìnder vom Dorf !

Le dernier cadeau qui leur reste, un seul cadeau pour tous les enfants du village ! Mais Chrischkindel sait, et Rübelz le sait aussi : tous les papas et mamans, ont eux aussi prévu d'offrir ce soir un cadeau à chacun de leurs enfants.

Tous ? Non, cette année les parents du petit Seppele n'ont pas assez d'argent ! C'est décidé ! C'est lui qui aura le cheval de bois. Alors tous trois se remettent en route vers le village. Il est tard, toutes les lumières sont éteintes, tout le monde dort déjà.

Aber das Christkindel und der Rübelz wissen, dass am Weihnachtsabend alle Eltern ein Geschenk für jedes ihrer Kinder haben. Alle? Nein, dieses Jahr haben die Eltern des kleinen Seppele nicht genug Geld, um ihrem Sohn ein Geschenk zu kaufen.

Das Christkindel und der Rübelz schauen sich an. Sie sind sich darüber einig: Das schöne Pferd ist für Seppele bestimmt. Und die drei setzen ihren Weg fort zum Dorf hinunter.

Es ist schon spät. Die Lichter sind schon längst aus. Das Dorf liegt im tiefen Dunkel. Alles schläft.

Àwer 's Chrìschkìndel weiss, un de Rübelz weiss es aui, dàss àlli Bàbbe un Màmme, aui e Packle fuer ehri Kìnder am hitige Wihnàchtsowe vorgsahn hàn.

Àlli? Nei, ìm Seppele sini Eltere hàn des Johr nìt genue Gald fer'm ebs ze schanke.

Àbgemacht! 'S letschte G'schank ìsch fer de Seppele! Ùn àlli drei tàppe wiedersch bìs ìn's Dorf.

'S ìsch schon spot, d'Liechter sìn üs, es schlofe àlli.

Ils arrivent devant la maison du petit Seppele. Un verre de schnaps et une grosse carotte les attendent sur le rebord de la fenêtre. Pendant que Rübelz déguste le schnaps et que l'âne croque la carotte, Chrischkindel se glisse dans la maison et dépose le magnifique cheval de bois dans la Stube, au pied du sapin.

Sie kommen vor Seppeles Haus. Auf dem Fenstersims steht ein volles Schnapsgläslein, und daneben liegt eine prächtige Karotte.

Während der Rübelz den Schnaps genießt und der Esel die Karotte frisst, schleicht sich das Christkindel ins Haus und stellt in der Stube das schöne hölzerne Rösslein unter den geschmückten Tannenbaum.

Sie komme jetz vor 'm Seppele sin Hüs. Ùf 'm Fanschtersìmse steht e volles Schnàpsglàs, un denawe lejt e grossi, scheeni Galerüeb.

Dewìlsch dàss de Rübelz de Schnàps geniesst un 's Esele d'Galerüeb ràffelt, schlicht 's Chrìschkìndel ìn's Hüs enìn bis ìn d'Stub ùn lejt 's natte Ressele unter de Tànnebauim.

Puis ils s'en retournent dans leur maison tout là-haut dans la forêt. Ils sont fatigués, mais contents, car ce soir, ils ont distribué du bonheur… Et tout en marchant, ils pensent aux yeux brillants de joie du petit Seppele, quand demain matin il découvrira le petit cheval de bois au pied du sapin…

Et c'est depuis ce Noël que Chrischkindel et Rübelz font le bonheur des habitants de la forêt. Mais faute de temps, ils n'apportent plus que très rarement des cadeaux aux enfants des villages d'Alsace. Par contre, il se raconte que le jour où assez d'enfants mettront, en hiver et tout particulièrement pendant le temps de Noël, un peu de nourriture pour les animaux sur le bord du chemin, Chrischkindel, Rübelz et l'âne trouveront à nouveau le temps pour distribuer eux-mêmes les étrennes aux enfants. En attendant, il paraît que Chrischkindel a confié les cadeaux des enfants à un voisin, un vieux monsieur à barbe blanche, le chargeant de les distribuer à sa place.

Dann machen sich alle drei auf den Rückweg. Sie sind müde und froh. Denn sie haben den Waldbewohnern viel Freude bereitet. Auch stellen sie sich Seppeles Augen vor. Wie sie fröhlich leuchten, wenn er am frühen Weihnachtsmorgen, das schöne Rösslein in der Stube unter dem Tannenbaum entdeckt.

Seit dieser kalten Weihnachtsnacht beschenken das Christkindel und der Rübelz die Waldbewohner, kommen aber nur noch selten zu den Kindern im Dorf.

Doch heiβt es: wenn einmal genug Kinder im Winter und vornehmlich an Weihnachten, den Tieren und anderen Waldbewohnern Nahrung und Futter hinlegen, dann hätten das Christkindel und der Rübelz mit dem Eselchen wieder Zeit genug und könnten die Kinder selbst beschenken.

Jetz kehre àlli drei zerück, in ìhr Heim gànz owe ìm Barig. Sie sìn mied àwer froh, dànn sie hàn ìm Wàld viel Freid üsgeteilt. Ùn sie danke aui an 's Glueck vom Seppele wànn er àm nachschte Morje sìn G'schankel ùnter'm Tànnebauim finde wùrd.

Zitter dem kàlte Wihnàchtsowe, brìnge 's Chrìschkìndel ùn de Rübelz de Ìnwohner vom Wàld jedes Johr Wihnàchtsgschankle, leider komme sie nùmme noch salte ìns Dorf fer d'Kìnder ze bscheere.

Àwer es heisst, dàss 's Chrìschkìndel d'Gschankle ìm e àlte Mànn mìt'm e grosse wisse Bàrt uewergibt, ùn ìhne beùftraujt sie àm Wihnàchtsowe de Kìnder üszeteile.

Ùn es heisst aui, dàss, wànn emol genüe Kìnder ìm Wìnter ùn gànz bsonders àn de Wihnàchte, e bissel ebs nüs leje fuer d'Tierle, dàss deno 's Chrìschkìndel, de Rübelz ùn s Esele wieder genüe Zit finde kennte fuer d'Gschankle de Kìnder salwer üszeteile.

BIBLIOGRAPHIE - *BIBLIOGRAPHISCHE ANGABEN - SOURCES*

BARDOUX Michèle, *La paille et le feu*, Berger-Levrault, 1990.

COTTERELL Arthur, *Mythologie celtique*, Celiv, 1997.

COTTERELL Arthur, *Mythologie germanique*, Celiv, 1997.

DOERFLINGER Marguerite, LESER Gérard, *À la quête de l'Alsace profonde*, Mars et Mercure, 1986.

GRAVIER Gabriel, *Légendes d'Alsace*, Collection du mouton bleu,1989.

LECOUTEUX Claude, *Dictionnaire de la Mythologie germanique*, Imago, 2005.

LEFFTZ Joseph et PFLEGER Alfred (ouvrage collectif, sous la direction de), *Elsässische Weihnacht*, Alsatia Guebwiller, 1931.

LEFFTZ Joseph, *Elsässisches Volksleben*, L'alsatique de poche, 1973.

LEFFTZ Joseph, *Elsässische Dorfbilder*, Ed. Sutter, Woerth, 1960.

LESER Gérard, *Noël-Wihnachte en Alsace*, Ed. du Rhin,1989.

LEVÊQUE Pierre - L'HUILIER Marie Claude, *Histoire des religions*, CNDP Besançon, 1993.

SARG Freddy, *Croyances populaires en Alsace*, Oberlin, 1976.

SITTLER Lucien, *Le jardin enchanté*, 1949.

SITTLER Lucien, *Noël en Alsace*, Saep, 1979.

STINTZI Paul, *Die Sagen des Elsasses*, 1928.

STÖBER August, *Volkstümliche Bräuche und Abergläubische Meinungen im Elsass*, Alsatia, 1852.

STÖBER August, *Elsässische Sagen*, 1892.

TRENDEL Guy, *Noëls magiques d'Alsace*, Coprur, 1991.

VARIOT Jean, *Légendes et traditions orales d'Alsace*, 1919.

WIKIPEDIA, https://fr.wikipedia.org/wiki/Christkindelsmärik

WIKIPEDIA, https://de.wikipedia.org/wiki/Christkind

Et toutes les bribes du passé qui flottent dans les airs…

Ce qui n’est pas sans rappeler sainte Lucie fêtée d’abord le 23 décembre, puis sa fête fut avancée au 13 décembre, lors du passage au calendrier grégorien en 1582. Elle marque, avec l’Avent, le début de la période de Noël. Elle représente une version christianisée de la déesse romane-étrusque Lucina, déesse de la lumière et de la naissance. Sainte Lucie est toujours célébrée dans de nombreuses régions d’Europe centrale et particulièrement en Scandinavie où elle est personnifiée par une jeune fille coiffée de lumière.

Et c’est ainsi que Chrischkindel parcourt les villages d’Alsace pour y distribuer sucreries et cadeaux. Elle est accompagnée d’un bonhomme barbu, tout de noir vêtu appelé en Alsace, Rübelz, Hànstràpp, Pelznickel, Père Fouettard ou encore „der Schwarz“. Mais qui est donc cet inquiétant personnage ? Ah ça c’est une autre histoire.

Das erinnert an Sankt Lucia, deren Fest ursprünglich am 23. Dezember gefeiert, später aber auf den 13. Dezember verlegt wurde. Ganz besonders wird sie heute noch in Skandinavien und in Italien verehrt, wo sie an eine etruskisch-römische Mondgöttin, Geburts- und Lichtgöttin, Lucina erinnert.

Im Elsass zieht das Christkind durch das Land, um Geschenke zu verteilen. Es ist begleitet von einem schwarzen, bärtigen Mann, der in Deutschland unter anderem als Knecht Ruprecht bekannt ist, im Elsass Rübelz, Hans Trapp, Pelznickel oder Schwarz genannt wird. Wer dieser seltsame Begleiter ist, das ist eine andere Geschichte!

Bis spät im Mittelalter gab es noch die Bechtumzüge. Maskierte Menschen zogen bettelnd durch die Straßen und stellten damit die verstorbenen Ahnen dar. Dieser Brauch symbolisierte den Glauben daran, dass die Verstorbenen in diesen Tagen in die Welt der Lebenden zurückdürften. Diese Umzüge fanden ihr Ende am Bechtastag, der später der Dreikönigstag wurde. Dieser heidnische Brauch wurde von der Kirche bekämpft und schließlich verboten.

Der Glaube an diese Göttin lebte in den Sagen weiter. In der Weihnachtszeit erscheinen verschiedene weiße Frauen im Elsass, u.a. in Rappoltsweiler, Schirrhein, Weiterswiller, auf der Hohkönigsburg …

Eine segnet das Elsass, andere waschen die Windeln des Jesuskindes, eine andere trägt einen Korb, vielleicht mit Gaben für die Menschen. Die weiße Frau von Illzach führt arme Kinder zum Milchbrunnen, wo sie sich an diesem Wundertrank laben dürfen.

So geschah es, dass eine heidnische Göttin ihr Gesicht und ihre Gestalt dem christlichen Jesuskind verlieh. Das weibliche Christkind erscheint weiß gekleidet. Manchmal ist das Gesicht mit einem Schleier verhüllt. Öfters trägt sie eine goldene Krone oder einen aus Pflanzen geflochtenen Kranz. Beide sind manchmal mit Kerzen geschmückt.

Au XVIe siècle encore, se déroulaient en Alsace, les „Bechtumzüge“, des processions en l'honneur de Bechta. Elles se situaient pendant les douze nuits solsticiales et se terminaient lors du „Bechtastag“, devenu par la suite, l'Épiphanie. Elles furent peu à peu interdites par les autorités religieuses qui y voyaient des usages païens.

Des Masqués, symbolisant les ancêtres revenus pour ce temps du monde des morts, parcouraient les rues en quêtant. Il était recommandé, notamment en Alsace, de mettre sur la table des pains d'épices décorés, des „Lebkuchen“, ou une soupière remplie pour les revenants affamés.

Bechta a survécu dans les légendes d'Alsace. En effet pendant la période de Noël, de nombreuses dames blanches apparaissent dans différents lieux en Alsace (Schirrhein, Weiterswiller, Hohkönigsburg, Ribeauvillé,…). L'une bénit l'Alsace, d'autres lavent les langes du petit Jésus, une autre encore porte un panier. Contient-il les présents qu'elle s'apprête à distribuer aux humains ? La Dame Blanche d'Illzach emmène cette nuit-là des enfants pauvres, boire le liquide miraculeux d'un „Melichbrunne“, une fontaine de lait.

Et c'est ainsi qu'une divinité païenne donna visage à l'Enfant Jésus chrétien. Et Chrischkindel apparut, vêtue de blanc, un voile lui recouvrant souvent le visage, une couronne dorée ou végétale lui ceignant la tête. Il arrive aussi que sa couronne soit pourvue de bougies.

C'est pendant les nuits qui suivent ce solstice d'hiver que s'inverse le cycle cosmique, que les jours commencent à rallonger : le soleil renaît, le réveil de la vie s'amorce. Des portes s'ouvrent entre le monde des morts et celui des vivants. C'est aussi lors de ces nuits solsticiales entourant ce basculement, „die Wiehe Nächte", „d'Wihnachte", les douze nuits sacrées, que Rosmerta, Déesse-Mère celte, traverse les airs pour rejoindre le royaume des morts, dispensant la fertilité à la Terre et la prospérité aux humains.

Bechta, ou Berchta (aussi connue sous les noms de Perchta, Holda ou Frau Holle) est une divinité germanique, qui régente le cycle de la vie et de la mort. Durant ces nuits, elle vient féconder la Terre et transporter les enfants défunts dans l'autre monde.

In den zwölf Nächten, die dieser Sonnenwende folgen wechselt der kosmische Zyklus seinen Kurs. Die Tage werden länger und die Nächte kürzer. Der Wiederaufstieg der Sonne und das Wachsen des neuen Lebens wurden schon bei den Kelten und Germanen gefeiert. Auch öffnen sich in diesen zwölf Nächten die Pforten zwischen dem Totenreich und die Welt der Lebenden. Die keltische Göttin Rosmerta zieht in diesen Nächten durch den Himmel bis zum Reich der Toten und beschert der Erde Fruchtbarkeit und den Menschen Wohlstand.

Die milde Bechta, Berchta, auch Pechta, Holda, Holle genannt, ist eine germanische Göttin, die über Leben und Tod herrscht. Während diesen „Wiehe Nachten", den heiligen Nächten, befruchtet sie die Erde und führt die verstorbenen Kinder in das Reich der Toten.

Déposés nuitamment dans les premiers temps, les cadeaux furent par la suite apportés par le Chrischkindel lui-même, apparaissant sous les traits d'une belle jeune femme toute de blanc vêtue.

On peut se demander par quel raisonnement singulier nos ancêtres ont été amenés à représenter un nouveau-né mâle, par une jeune femme, habillée de lumière ?

Au IVe siècle, l'Église fixe la fête de Noël, naissance de Jésus au 25 décembre. Elle s'appuie ainsi sur des rites festifs archaïques liés au solstice d'hiver.

Zuerst wurden die Geschenke nachts abgelegt. Erst später wurden sie vom Christkind ausgeteilt, das als weißgekleidete junge Frau erschien. Und nun stellt sich die Frage: Wie kommt es dazu, dass das Jesusknäblein als eine weibliche Figur erscheint?

Im 4. Jahrhundert legte die Kirche die Weihnacht, also Jesu's Geburtsdatum auf den 25. Dezember fest. Sie stützte sich dabei auf alte heidnische Wintersonnenwendefeiern, die in dieser Nacht stattfanden.

Saint Nicolas, vénéré en Alsace depuis le XIIe siècle, distribue ses cadeaux aux enfants le 6 décembre. Avec l'émergence du protestantisme au XVIe siècle, les pasteurs, qui rejetaient tout culte des saints, évincèrent le brave Nicolas et le remplacèrent par l'Enfant Jésus - das Christkind ou 's Chrischkind(el). Et dès lors, dans les familles protestantes la remise des cadeaux fut repoussée à la nuit de Noël. Peu à peu la coutume se répandit également dans les villages catholiques.

Sankt Niklaus wird seit dem 12. Jahrhundert im Elsass verehrt. Er brachte am 6. Dezember den Kindern Geschenke. Da die Reformation mit Martin Luther, die Heiligenverehrung missbilligte und dann abschaffte, sollte der heilige Nikolaus keine Rolle mehr spielen und das Christkind nahm seinen Platz ein. Von nun an fand die Bescherung bei den Protestanten am Heiligen Abend statt. Später verbreitete sich dieser Brauch auch in den katholischen Dörfern.

Aux mamemas, papepas,
mamies, papis et autres grands-parents,

Rappelez-vous… Le soir de Noël, quand la nuit tombait, la fébrilité de l'attente montait d'un cran. Une attente faite d'espoir et de crainte mêlés : Espoir que Chrischkindel me remette le cadeau auquel je rêvais depuis si longtemps, crainte quand je repensais à toutes les bêtises que j'avais faites cette année et dont Rübelz possédait évidemment la liste.

À tout bout de champ, je me glissais dans le couloir et collais mon oreille à la porte d'entrée. Et soudain tintait dans la cage d'escalier, la clochette de Chrischkindel, tant attendu, et le pas lourd de Rübelz, tant redouté ! Ils arrivaient !

J'ai vu « mon » premier Père Noël à Strasbourg devant le « Magmod ». Il s'agitait devant le grand magasin, attrapant les enfants et posant avec eux. Son complice en profitait pour prendre une photo qu'il s'empressait de revendre trop cher aux parents.

Le temps de nos enfances est loin. L'image du Chrischkindel a pâli au point de presque s'effacer. Tâchons de la transmettre aux jeunes générations et à celles qui suivront dans le futur, afin que Chrischkindel continue à parcourir nos rues et à imprégner nos mémoires et sa petite flamme féerique à illuminer nos rêves.

Erinnerungen: Am Weihnachtsabend, wenn es Nacht wurde, stieg das Wartefieber, stieg die Hoffnung, dass das Christkind das Geschenk bringen wird wovon ich schon lange träumte.

Es stieg auch die Furcht, dass dem Rübelz alle Dummheiten bekannt waren, die ich im vergangenen Jahr begangen hatte. Immer wieder schlich ich in den Gang und drückte mein Ohr an die Eingangstür. Plötzlich erklang die Klingel des sehnlich erwarteten Christkindes. Der schwere Schritt des gefürchteten Rübelz tönte im Treppenhaus! Sie waren da!

Meinen ersten « Père Noël » erblickte ich in Straßburg, vor dem « Magmod ». Er rannte vor dem großen Geschäft umher, schnappte sich ein Kind und stellte sich in Positur. Sein Komplize nützte diesen Moment aus, um ein Foto zu schießen und es sofort den Eltern teuer zu verkaufen. Der Anfang vom Ende der Kindheit.

Unsere Kindheit ist Vegangenheit. Christkind gerät langsam in Vergessenheit. Aber sein Licht leuchtet immer noch in der Weihnachtsnacht. Geben wir dieses Licht an unsere Nachfahren weiter. Christkind soll noch lange durch die Gassen ziehen und im Gedächtnis aller weiterleben.

Imprimé par Typolibris by Printcorp (17100267)

Alain Kauss

Qui es-tu Chrischkindel ?

Wo das Christkindel herkommt

ÉDITION BILINGUE FRANÇAIS-ALLEMAND
ZWEISPRACHIGE AUSGABE HOCHDEUTSCH - FRANZÖSISCH

SALDE